L'ANNÉE
CHAPLEAU

SERGE CHAPLEAU

L'ANNÉE CHAPLEAU

présentation de Pierre Bourgault

BORÉAL

Conception graphique : Gianni Caccia
Illustration de la couverture : Serge Chapleau

© Les Éditions du Boréal
Dépôt légal : 4ᵉ trimestre 1993
Bibliothèque nationale du Québec

Diffusion au Canada : Dimedia
Distribution en Europe : Les Éditions du Seuil

Données de catalogage avant publication (Canada)
Chapleau, Serge, 1945-

L'Année Chapleau

ISBN 2-89052-596-1

1. Caricatures et dessins humoristiques - Canada. 2. Canada - Politique et gouvernement - Caricatures et dessins humoristiques. 3. Humour par l'image canadien. I. Titre.

NC1449.C45A4   1993   741.5'971   C93-097347-X

CHAPLEAU LE TRISTE

Si les caricatures de Chapleau sont drôles, elles sont rarement gaies. Chapleau a le sourire triste, comme si le vice et la bêtise dont il se nourrit le désespéraient un peu plus chaque jour.

Regardez bien ses personnages : quand ce n'est pas le trait qui est sombre, c'est l'idée derrière le trait. Presque toujours, on sent poindre le misanthrope... mais un misanthrope qui le serait malgré lui. On devine qu'il aurait voulu rire de bon cœur avec nombre de ses personnages, mais que ce sont eux qui l'ont forcé, finalement, à se désoler et à se moquer.

Autrement dit, Chapleau a une bonne nature mais, quand il sort dans le monde, son sourire se fige en un rictus qui ne crache plus que sifflets et lazzi.

Dieu merci, Chapleau ne sort que dans le grand et le beau monde. Contrairement à tous ces humoristes patentés qui, de nos jours, ne s'en prennent qu'aux travers de monsieur-tout-le-monde qui ne saurait se défendre contre pareille artillerie, il tire sur les beaux, les grands, les puissants, comme cela doit être quand on a un reste de conscience, de respect et de moralité. Ou un reste de courage.

Chez Chapleau, le dessin est sûr, l'idée claire. On le reconnaît aisément parmi tous les autres : une férocité à peine retenue, une cruauté adoucie par la mélancolie, un éclat de rire les yeux pleins d'eau.

Chapleau nous fait rire ? Tant mieux. Mais surtout, il remet les choses à leur place et nous remet en état de marche. Et ce n'est pas rien de pouvoir marcher quand tout le monde rampe !

PIERRE BOURGAULT

Aux Olympiques de Barcelone, une erreur
regrettable coûte la médaille d'or à Sylvie Fréchette.

BOURASSA JETTE UN REGARD SUR LES POSSIBILITÉS D'ENTENTE

Brian Mulroney commente les accords de Charlottetown.

Les disciplines olympiques constitutionnelles : la négociation au fleuret.

Les négociations se poursuivent.

Des organisateurs électoraux profitent du dézonage à Laval.

Les quotidiens du Québec rapportent, à la une, la mort d'un bébé béluga.

Rumeurs de mutinerie dans les rangs du RCM.

Le Parti québécois tend la main aux anglophones.

Robert Bourassa se prépare à vendre sa salade.

Élections présidentielles aux États-Unis.

Les jeunes libéraux rejettent l'entente.

Un regard sur l'avenir politique de Mario Dumont.

La marche vers le oui.

Campagne référendaire.

photo prise pendant les négociations

Une injonction est émise qui interdit la diffusion de certaines informations portant sur les négociations constitutionnelles. L'injonction ne touche pas le visuel.

Pierre Elliott Trudeau appuie le camp du non.

L'armée accueille les homosexuels.

Brian Mulroney s'exerce en attendant que les juristes produisent les textes de l'entente de Charlottetown.

Joe Clark déclare que, à la suite d'un rejet de l'entente, il ne faut pas exclure la possibilité de désordres au pays, comme au Liban ou en ex-Yougoslavie.

Brian Mulroney continue de soutenir Robert Bourassa.

ENFIN TOUS D'ACCORD SUR UN DOCUMENT

MON "NON" EST PERSONNE

Ovide Mercredi est désavoué par l'Assemblée des Premières Nations.

ET LA VIE CONTINUE...

Boris Elstine rencontre John Majors à l'occasion d'un voyage officiel à Londres.

LE NOUVEAU PRÉSIDENT DES ÉTATS-UNIS
ET SON ÉPOUX

Robert Bourassa s'attaque à l'économie...

... Brian Mulroney s'attaque à l'économie.

Camil Samson rallie les libéraux de Jean Chrétien.

Sécurité : les casinos seront entre bonnes mains.

LA CIGARETTE TUE

48

Pendant qu'à Québec l'état de santé de Robert Bourassa
lui attire la sympathie générale, à Ottawa...

1ᵉʳ CONCERTO EN SI POUR SAXOPHONES

Mikhaïl Gorbatchev en tournée de conférences.

Claude Ryan, ministre de la Sécurité publique, poursuit
son travail de collaboration avec les minorités.

La Croisade d'Ottawa.

AU NOM DE TOUS LES CARICATURISTES,
MERCI, MERCIooo MERCI!

S Chaplin '93

Du sang neuf au Parti québécois.

L'art de combler les nids-de-poule.

"MARIANNE" BOMBARDIER

Denise Bombardier reçoit la Légion d'honneur.

Après Gérard Étienne, Mordecai Richler rêve de passer à *Raison/Passion*.

Joe Clark quitte la politique.

RE-RÉVOLUTION TRANQUILLE

Benoît Bouchard songe à poser sa candidature à la direction
du Parti conservateur en tandem avec Don Mazankowsky.

"TERMINATOR" VALCOURT

Le ministre Bernard Valcourt resserre les critères
d'admissibilité à l'assurance-chômage.

La danse du *cash*. Raymond Malenfant fait
des démarches auprès d'investisseurs indiens.

À l'occasion de la visite du maire de Moscou
à Montréal, Jean Doré montre sa connaissance de l'histoire russe.

Les gens d'affaires montréalais en guerre contre l'Hôtel de Ville.

ÇA VOUS RAPPELLE QUELQU'UN?

François Mitterrand de retour de Washington.

KIM·KONG

Course au leadership au Parti conservateur.

Benoît Bouchard quitte la politique.

Kim Campbell est élue chef des conservateurs.
L'unité du parti est sauve.

Le gel des salaires : la parole est aux syndicats.

Le comité des Droits de l'Homme de l'ONU
se prononce sur la langue d'affichage au Québec.

Le 101 mètres style libre à reculons.

Une citoyenne est condamnée à 14 jours d'emprisonnement
pour avoir perdu un livre de la bibliothèque municipale.

Benoît Bouchard est nommé ambassadeur à Paris.

La télédiffusion du discours du budget
doit attendre la fin de la partie de hockey.

Les Canadiens remportent la coupe Stanley.

Les sénateurs sont invités à revenir siéger le 12 juillet afin de renverser la décision, prise par la majorité d'entre eux, de s'octroyer une allocation annuelle de 6000 $ pour payer leur logement dans la capitale fédérale.

Claude Ryan est hospitalisé pour une douleur au pied.

EN VEDETTE CLAUDE RYAN

Fonctionnaire sensibilisant la population.

Claude Ryan négocie avec les policiers de la Sûreté du Québec.

Mila Mulroney vend le mobilier du 245, Sussex Drive, et du lac Harrington pour 150 000 $ à la Commission de la Capitale nationale.

Kim Campbell fait une excellente impression à Tokyo.

RUMEUR CONFIRMÉE:
CONRAD BLACK ACHÈTE LE DEVOIR

Augustin Roy console une victime.

La direction du Parti québécois a décidé de retirer sa proposition sur l'affichage commercial public dès l'ouverture de son congrès.

Le Bloc désavoue son candidat démocratiquement élu dans Roberval.
Lucien Bouchard se prévaut des pouvoirs que lui confèrent les statuts
du parti pour désigner lui-même son représentant dans le comté.

Intervention policière aux tam-tams du dimanche sur le mont Royal.

Le ministre Yvon Picotte relance l'idée d'un service civil pour tous les Québécois.

L'avenir d'Augustin Roy s'assombrit.

Robert Obadia, président de Nationair,
rassure les passagers quant à la fiabilité de sa compagnie.

Essence à rabais à Kahnawake.

Robert Bourassa quitte la politique.

Jean Chrétien présente son programme.

Les conservateurs sont mordants à l'endroit du Bloc québécois.

Assemblée électorale au NPD.

Kim Campbell dévoile son programme.

Le programme libéral prévoit des avantages substantiels pour Montréal.

Jean Chrétien assiste à un souper bénéfice pour le Parti libéral.

Gérald Tremblay annonce qu'il ne sera pas de la course à la direction du PLQ.

Des policiers canadiens sont dépêchés en Haïti.

Alain St-Germain, directeur du service de la police de la CUM, fait une démonstration de la stratégie de la « visibilité policière ».

Intentions de vote : les sondages défavorisent le NPD.

FIN DE CAMPAGNE

La nouvelle papemobile.

Achevé d'imprimer en novembre 1993
sur les presses de
l'Imprimerie Renaissance à Québec